AF359519

TROISIÈME
MÉMOIRE

Sur la nécessité de fonder une École pour former des Maîtres, selon le plan d'éducation donné par le Parlement, en son Arrêt du 3 Septembre 1762.

Réponse préliminaire à une objection contre le premier & second Mémoire.

J'ai dit dans le premier Mémoire, qu'il n'étoit ni de mon objet, ni de mon intention d'examiner : *si on trouvoit des Maîtres ; si on formoit des Maîtres dans quelques Maisons ?* On peut, sans avoir fait une étude suivie de l'Histoire du Temps depuis quelques années, avoir appris que les différentes Villes de ce Royaume, qui se sont trouvées dans l'heureuse nécessité de donner des nouveaux Maîtres, des *meilleurs Maîtres*

A

à leurs enfans, n'ont réuſſi qu'avec peine à trouver des Maîtres, qui, en ſuccédant aux premiers, n'euſſent pas eux-mêmes quelques témoignages de la mauvaiſe éducation qu'ils avoient reçue.

Dans pluſieurs Endroits, on s'eſt conduit comme ſi on prenoit ces Maîtres à l'eſſai; & l'eſſai n'a pas réuſſi par-tout. Ailleurs on a adopté l'expédient du concours, dans l'eſpérance que ce moyen feroit ſortir de leur demeure ſolitaire & inconnue, tous les Hommes à talens; & que, par jugement de comparaiſon, les places ne ſeroient données qu'aux plus grands talens, ſi elles n'étoient pas toujours données aux premiers talens.

La voie du concours ne rend-t-elle pas inutile la fondation d'une École pour former des Maîtres? Il eſt des gens qui le penſent.

Je réponds à l'objection.

La voie du concours eſt une preuve & un moyen de plus à ajoûter aux Mémoires précédens, ſur la néceſſité de fonder une École pour former des Maîtres.

Si on trouvoit des Maîtres dans le befoin; si leur demeure étoit connue; si leurs talens particuliers, si leurs mœurs étoient ateftées; le concours, la difpute, le combat, tous ces moyens deviennent inutiles. Sans bruit, fans frais, fans contention, fans guerre, chaque Ville, en recevant un Maître pour l'éducation des jeunes Citoyens, fçauroit prefque fans incertitude, qu'elle donne un Maître aux enfans, un Ami aux Peres, un Pere, un Pafteur à la Société.

Le concours fuppofe donc l'embaras pour l'invention & le choix des Maîtres; & laiffant fubfifter tout le mal pour tous les temps à venir, cette voie ne procure que des reffources incertaines & équivoques.

Suppofons qu'il ne fe préfente perfonne pour le concours, ou des Contendans en très-petit nombre; l'embaras ne fera pas petit : on manquera pendant du temps, & enfin on n'aura pas ce qu'on demandoit.

Les Chaires de Profeffeur en Droit dans l'Univerfité de Paris, fe donnent au concours. On fçait mieux que moi, dans la Faculté de Droit, le Public le fçait auffi, quelles font les fuites de cette longue difpute.

Enfin (qui eft-ce qui pourroit ne pas l'avoüer ?) le concours ne crée pas les hommes, il fuppofe les hommes & les talens. Il faut donc former les hommes; il faut cultiver les talens : il faut donc fonder une École.

Je dis enfuite : que l'École pour former des Maîtres une fois fondée, & des Maîtres y ayant été formés, on ne doit plus faire ufage de la voie du concours. Je le dis pour les raifons fuivantes.

1°. Le concours, qui fuppofe tout & ne donne rien, ne porte que fur les talens qui pourroient le fuppléer dans les premiers jours, & ne fait pas éclore les talens effentiels. La foi, les mœurs ne fe décident pas par le concours. Faire une loi pour exclurre de ces difputes publiques, les Particuliers dont la réputation feroit altérée, c'eft peut-être frayer une route aux calomnies, aux médifances, aux troubles domeftiques, aux inimitiés, &c.

2°. La fcience du Gouvernement, qui fuppofe la connoiffance du cœur de l'homme, cette fcience ne fe foumet pas

non plus à la difpute. Le concours, par
fa nature, donnera tout au plus un Sçavant, jamais un Maître. Mais un Sçavant, fi fa doctrine eft fon talent unique,
n'eft pas celui à qui il faut confier vos
enfans.

3°. Le concours eft une voie équivoque. La fécurité, la confiance, la
préfomption, donneront prefque toujours la fupériorité. La timidité eft une
barrière oppofée aux vrais talens. Le plus
hardi n'eft pas toujours le plus capable.

4°. Le concours paroît contraire à
la maxime *noli quærere fieri judex*.
(*Eccli. 7. 6.*) Un Profeffeur a des devoirs à remplir, & c'eft de leur accom-
pliffement que dépend fon fort pour l'é-
ternité. Eft-il bien dans les principes
d'une vocation légitime, de s'appeller
foi-même? de décidér en s'appellant
qu'on a les talens, & qu'on fera fidéle
à tous fes devoirs?

5°. Le concours nourit l'ambition,
& l'amour de l'intérêt particulier. C'eft
le revenu attaché à une place qui fait
defcendre dans l'arêne; ce n'eft point
l'amour du bien, l'amour de la patrie
qui arme tous ces athlettes. *Omnes cur-*

runt. Tous veulent avoir le prix ; c'est-à-dire, qu'ils veulent vaincre ; un seul cependant sera *décidé* vainqueur. Dès l'inftant tous les vaincus..... je m'impose filence. Je trouverois peut-être plufieurs vices à additionner à ceux que j'ai déja remarqué.

Il eft donc prouvé que la voie du concours eft incertaine, équivoque, même dangereufe dans fes conféquences ; & qu'elle n'auroit jamais été propofée, fi on eût pu, par une voie plus fûre, trouver des Maîtres dans le befoin. La fondation d'une École pour former des Maîtres, eft cette voie plus fûre ; j'ofe dire plus, elle eft l'unique voie fûre.

IIIᵉ MÉMOIRE.

QUESTION.

» Ne feroit-il pas néceffaire qu'il y » eût dans la Capitale & dans les Pro-» vinces, quelques Maifons, fous la » protection & la dépendance des Uni-» verfités, où l'on apprendroit aux » jeunes gens qui y feroient élevés, au-» tre chofe que du Latin & du Grec ? » Tous les enfans n'ayant pas l'efprit

» tourné du côté de l'étude des Langues,
» &c. *Voyez le premier Mémoire.* «

Le Citoyen placé sur le lieu le plus éminent, d'où il puisse être informé de tout ce qui intéresse la patrie, part au premier signal ; on le voit par-tout où il peut être utile. Il est pour le Citoyen des temps de parler ; il est des temps de gémir dans le silence. J'ai parlé parce que les Peres de la patrie l'ont dit. Je parle avec confiance, parce que j'espere ne pas parler sans succès.

Les Peres de la patrie demandent des Mémoires qui » indiqueront les plans » les plus propres pour remplir les trois » principaux objets de l'instruction de » la jeunesse, la Religion, les mœurs, » les sciences..... afin que l'instruction » publique de la jeunesse puisse procurer » à l'État des Chrétiens & des Citoyens » capables de remplir, dans le respect & » la soumission qu'ils doivent au Roi, » aux Loix de l'Église & de l'Etat, & » aux Maximes du Royaume, les diffé- » rens emplois auxquels ils peuvent être » appellés. «

Tel est l'éducation dans sa nature, dans ses divisions, dans ses suites ; faire des Chrétiens eſt, par une conféquence infaillible, former des Citoyens pour la patrie. La vraie idée de l'éducation eſt enfin fixée par les Loix. Quiconque s'écartera de ce plan eſt déja jugé.

Qui me donnera de voir ces jours heureux, où on pourra compter autant de Chrétiens, autant de Citoyens, qu'on comptera de jeunes gens dans la focieté! Je m'écrierois, dans le tranſport de mes fentimens: Oh ma patrie! tes jours de deuil font paſſés. L'ennemi de tes enfans a été tué par le fouffle de la bouche de tes Peres. Effuie tes larmes, tes enfans vivront déformais. Prends une ſtyle de l'acier le plus dur; écris fur le marbre & fur le bronze; écris dans toutes les langues. Annonce à tous les Peuples ta joie & tes victoires. Oui, telle fera un' jour la reconnoiſſance de nos defcendans. L'hiftoire leur apprendra qu'ils font plus heureux que leurs Ancêtres. Ils fe demanderont: d'où nous eſt venu un ſi grand bien? & ils béniront à jamais les grands Hommes qui leur auront afsuré leur bonheur & leur fortune (a).

(a) Pour affurer infailliblement à la Loi la perpétuité de fon exécution, & à nos Def-

On pardonne à un Citoyen d’écrire comme il penfe. Je ne parle pas ici comme Prophète; je parle comme obfervateur. Si la loi eft exactement gardée, (ne pas la garder fera un crime; o'er fuppofer qu’elle ne fera que des tranfgreffeurs, feroit être criminel par anticipation ;) fi la Loi eft exactement gardée, le changement qui fe fera dans la méthode de l’enfeignement, fera comme un retour de la mort à la vie.

Effayons par nos foibles efforts de donner à la Religion & à la fageffe de la Loi, toute l’étendue dont elle eft fuf-

cendans la tradition perfévérante des vrais principes de l’éducation, il faut pouvoir trouver dans le befoin, & pour tous les temps, des Maîtres formés fur le plan de la Loi. Il faut donc fonder l’École. Si elle n’eft pas fondée, la patrie, hélas..... & fes larmes couleront encore dans les fiécles à venir. La néceffité de fonder une École pour former des Maîtres, démontrée par le raifonnement, eft aujourd’hui décidée par l’autorité de la Loi. *Illuftres Sénateurs*, *Peres de la patrie*, permettez à un Citoyen de le dire, votre gloire y eft intéreffée. Affurez à la Loi fon entière exécution, par la fondation d’une École pour former des Maîtres. Parlez, vous ferez écoutés.

A v

ceptible; il ne faut pour y parvenir qu'en développer tout le fens; la Loi s'interpréte elle-même, l'inftruction publique doit être telle, qu'elle procure à l'Etat des Chrétiens & de Citoyens. La Loi eft générale; tous les Citoyens ont droit à fon exécution; tous doivent s'enrichir par fon exécution.

Je dois conclure, du texte même de la Loi, que fi les moyens pour la mettre en pratique ne font, par leur nature, appliquables qu'a une partie des citoyens, la Loi n'eft pas exactement obfervée. Il faut proportionner les moyens aux befoins de tous les Citoyens. Un feul moyen ne remplira jamais la vafte étendue des befoins de tous les états de la focieté. Je vais prouver que les Univerfités, fpécialement chargées de l'exécution de la Loi, ne peuvent l'exécuter qu'en partie. La conféquence de ma preuve fera la réponfe à la queftion que je traite dans ce Mémoire.

Les Univerfités ne peuvent admettre dans l'exercice de leurs fonctions journalieres, & felon leur inftitution primitive, qui ne doit point changer, les Univerfités ne peuvent admettre qu'une partie des moyens exécutoires de la Loi. Ces moyens font tous ceux qui peuvent s'affocier à l'étude des langues & des fciences difficiles. Les études dans les Univerfités feront dans la fuite moins barbares, plus accommodées à la portée d'un plus grand nombre de Sujets ; plus utiles à tous ceux qui pourront, avec décence, courir la carriere des études ; mais enfin, il eft impoffible de ne pas appercevoir du vuide dans le meilleur plan d'éducation poffible dans les Univerfités (*b*).

(*b*) L'Univerfité de Paris a travaillé, avec le plus grand foin, les Mémoires relatifs à un meilleur plan d'études, pour les différentes claffes des Colléges, à commencer par la fixiéme jufqu'à la Philofophie inclufivement. L'Univerfité expofe dans ces Mémoires l'état actuel, ou la pratique journaliere de l'enfeignement dans les Colléges; elle conclut qu'on peut mieux faire, & par conféquent qu'on doit mieux faire ; elle en explique les moyens; par l'ufage de ces moyens, il fe fera la réforme la plus utile dans la méthode de l'éducation fcholaftique; les Citoyens y applaudiront avec action de grace. Leurs enfans, en rentrant dans la maifon paternelle, y apporteront les connoiffances vraiment néceffaires. Le cœur aura été formé, l'efprit cultivé. L'é-

Suppofez dans les Maîtres le zèle le plus infatigable, l'application la plus foutenue, tous leurs foins donneront-ils les talens, l'aptitude pour les études ? Les Maîtres les plus habiles en trouveront toujours un grand nombre, parmi les jeunes Citoyens confiés à leurs foins, dont ils feront forcés de porter ce jugement : *Ils ne font pas nés pour les études.*

Quel parti prendre ? Faut - il renvoyer tous les Ecoliers qui, épreuve faite, ne feront jamais rien dans les claffes ? Que deviendront - ils ? Quel embaras pour les Parens, s'il n'y a de Maifons pour l'éducation, que celles qui fuppofent le commerce avec les Colléges ? Il faudra bien y confentir,

ducation finie, les enfans feront hommes; ils feront Chrétiens, Citoyens. La patrie n'aura plus à gémir fur la vanité des fentimens & la frivolité de la conduite de ces nouveaux Citoyens, qui, à l'iffue des claffes, n'entroient fouvent dans la fociété, que pour la furcharger par une honteufe oifiveté, ou trop fouvent encore pour la deshonorer par des mœurs qui ne font propres ni du Chrétien ni du Citoyen. Voyez le *Poft-fcriptum* à la fin de ce Mémoire.

& voir tous ces mauvais écoliers passer une année dans chaque Classe, parce qu'il n'y aura pas d'autre Maison où ils puissent se réfugier; ainsi pendant un grand nombre d'années, tous les jeunes gens qui ne sont pas nés pour les études, seront le marteau de leurs Maîtres; & rendus à la societé, ils n'y apporteront qu'un vuide total d'éducation. Ces jeunes Citoyens, courbés sous le poids de leurs chaînes, grandiront cependant; devenus hommes, seront-ils, aux termes de la Loi, Chrétiens & Citoyens.

Je fais un autre supposition. Des Parens las de dépenser, pour des enfans qui ne font aucuns progrès, changent de plan; on apprend à écrire, on a des Maîtres, &c. on est placé..... c'est-à-dire, qu'une éducation mal commencée, suit encore plus mal, parce qu'il n'y a point eu d'issue pour mieux faire; & c'est ainsi que la patrie perd trop souvent des Citoyens.

L'expérience l'a appris, il y a long-temps, que les enfans qui n'ont pas l'esprit ou la volonté dirigés vers les études; je veux dire, ou sans talens, ou opiniâtrément paresseux, sont pendant toût le temps de leur éducation dans un état violent. Tout n'eſt qu'ennuis, dégoût pour le travail; &, par la relation eſſentielle des effets à leur cauſe, déſeſpoir contre eux - mêmes, haine contre leurs Maîtres.....

Je vous plains bien ſincérement, Maîtres zélés, chargés de la conduite des Sujets de cette eſpèce. Je vous plains auſſi, jeunes Citoyens, parce que j'aime la patrie, ſi, contre toute évidence, on vous force de courir une carriere qui ſuppoſe des talens que vous n'avez pas. Vous en accuſerez un jour la patrie, de n'avoir pas été touchée de vos malheurs & de vos larmes. O vous! qui avez fait la triſte expérience des maux que je peins, joignez-vous à moi; & aſſurez à vos enfans, vous le pouvez, des ſecours que vous n'avez pas trouvé vous-même.

Enfin, le premier jour où on n'ira plus au Collége, ſera le premier jour ſerein dans la vie de ces enfans trop long-temps malheureux. Quelle ſera leur conduite dans le monde? dites-le, Citoyens, les exemples en ſont multipliés ſous vos yeux. Plus de travail, plus d'étude. Trop content d'avoir rompu ses chaînes, &c. (*c*)

Je conclus. Les Univerſités ne peuvent donc rendre profitables les moyens d'exécuter la Loi, qu'à une partie des Citoyens. Donc les Univerſités ne peu-

(*c*) Je pourrois être arrêté ici, & accuſé. On me dira : allez dans les Cabinets ; informez-vous chez les Procureurs, chez les Notaires (c'eſt ainſi qu'on parle dans le monde ;) le très-grand nombre des jeunes gens qui travaillent dans ces Cabinets n'ont pas fait leurs études, ou n'ont rien fait dans leurs études. Cependant dans ces Cabinets on n'y eſt que pour travailler, quiconque n'y travaille pas eſt renvoyé. Paſſons rapidement ſur ces exemples. Qui eſt-ce qui ne ſçait pas quelle eſt la réputation des Clers de Notaires & de Procureurs ? Qui eſt-ce qui ne ſçait pas quelle eſt leur conduite, quèlles ſont leurs mœurs ? Si, dans le grand nombre, vous en trouvez quelques-uns qui croyent en Dieu, dont les mœurs ſoient ſaines, la conduite irréprochable, c'eſt à l'éducation, & à la bonne éducation qu'ils en ſont redevables. L'objection ſe tourne en preuve, & la preuve eſt confirmée par les faits. Le très-grand nombre des jeunes gens qui n'ont point eu d'éducation, qui n'ont pas profité de celles qu'ils ont eue, ſeront oiſifs & libertins, s'ils ont aſſez de fortune pour être l'un & l'autre.

vent exécuter la Loi qu'en partie. Donc il faut unir aux moyens possibles dans les Univerſités, d'autres moyens exécutoires de la Loi, indépendans de l'éducation des Univerſités.

La néceſſité d'établir des Maiſons d'éducation, formée ſur un plan différent de l'éducation des Univerſités, eſt démontrée par d'autres faits conſtans.

Dans les différens états qui, pris ſéparément, font partie du tout de la ſocieté, la façon de penſer des Chefs de famille varie beaucoup.

Un pere qui n'a pas étudié comprend ſouvent très-difficilement à quoi les études peuvent être utiles. On décide l'éducation de ſon fils, & on décide ſans appel. » Je n'ai pas ſuivi les Colléges, » je ne veux pas faire de mons fils un » Docteur; il ſera & fera comme moi, » &c. «

Cet enfant qui ſera un jour compté dans la ſocieté, parce qu'il n'aura pas pu être élevé ailleurs, apprendra ce qu'on apprend dans les *Écoles* qu'il aura fréquenté; c'eſt-à-dire, peu de bien, point de ſçavoir, point de manieres, peut-être..... je paſſe l'article des mœurs ; il aura pompé tout le mauvais air du lieu mal sain où il aura été élevé. Sera-t-il Chrétien cet enfant ? Sera-t-il Citoyen ?

Par le fait, comme par le calcul, vous trouverez à peu près la moitié des jeunes Citoyens, qui sembleront ne pas appartenir à la patrie, parce que la patrie n'aura pas suffisamment pourvu à leur éducation (*d*).

(*d*) Les maisons qu'on appelle *Écoles* , les Écoles mêmes les mieux conduites, ne font pas des Maisons fondées pour l'éducation publique de la jeunesse. Dans ces Maisons, on y acquiert quelques connoissances ; lire, écrire, compter, c'est à peu près tout. Il en est de même chez les Écrivains-Jurés. Les Maîtres d'Écoles, les Maîtres Écrivains apprendront à leurs Écoliers tout ce qu'ils sçavent. *Quam quisque norit artem, in hac se exerceat.* Les Écoles & autres Maisons à l'inftar des Écoles, ne font pas des Maisons de reffources, parce qu'elles ne font pas par leur inftitution, des Maisons propres à remplir » les trois principaux objets de l'inftruction de la jeuneffe, » la Re'igion, les mœurs, les fciences. «

Il eft douloureux, je le dis fincérement, que les Écoles les moins eftimables, foient l'unique iffue pour tout ce qu'on appelle dans la focieté, état moyen ou bas état. On eft, cependant Sujet de la nation dans cette con-

Ces réflexions ont une date ancienne dans mon esprit. Enfin, ô jour heureux! la Loi du 3 Septembre a été publiée. Elle est pour tous les Citoyens. D'après la Loi, j'ai proposé la question.

* » Ne seroit-il pas nécessaire qu'il y » eût dans la Capitale & dans les Pro- » vinces, quelques Maisons sous la pro- » tection & la dépendance des Univer- » sités, où l'on apprendroit aux jeunes » gens qui y seroient élevés, autre chose » que du latin & du grec ? «

Pour expliquer le sens de ma de- mande, j'ai ajouté : » Tous les enfans » n'ayant pas l'esprit tourné du côté

dition obscure. *Magistrats puissans, Peres du peuple,* portez vos regards jusques dans ces Maisons presqu'abandonnées. Faites, par la sagesse de vos Loix, que tous les Citoyens qui ne peuvent pas prétendre à une éducation plus relevée, soient dans leurs condition gens de bien, bons Sujets du Souverain. Vous trouverez moins de scélérats dans les prisons, s'il n'est plus libre aux Particuliers de laisser grandir leurs enfans à la maniere des brutes. Il ne fut jamais sans conséquence pour la patrie, comment le savetier ou l'ouvrier sur les ports éléve ses enfans.

* *Premier Mémoire, page 15 & 16.*

» de l'étude des langues, ou de ce qu'on
» appelle grandes fciences, doivent-ils,
» ceux-là, fe trouver fans reffources ;
» ou faut-il confentir à l'ignominie de
» leurs études ? Tous les enfans font
» Sujets de la nation ; & dans les diffé-
» rens états de vie & de la focieté, dans
» les différens emplois qui ne fuppofent
» pas les études, la nation veut que l'on
» foit honête homme, fçavant dans la
» Religion, &c. «

La Loi du 3 Septembre a décidé la queftion. Il faut que tous les enfans de tous les Citoyens foient bien élevés. Tous ne peuvent pas l'être de la même maniere. Il faut donc établir des Maifons dans lefquelles les enfans qui, par diffé-rens motifs, ne pourront pas être élevés dans les Univerfités, trouvent une inf-truction publique qui procure à l'Etat, par cette éducation, des Chrétiens & des Citoyens.

L'établiffement de ces Maifons don-nera une forte de liberté aux Univerfi-tés. On pourra plus aifément donner le confeil de renoncer aux études, & on n'aura plus à gémir fur la mifere des mœurs anciennes, felon lefquelles il falloit dire, qu'un jeune homme qui n'avoit pas fuivi les Colléges, n'avoit point eu d'éducation ; & dans le fait, ce jugemeht étoit prefque toujours fondé (*e*).

Pour remplir l'objet de ce Mémoire, & m'acquitter du devoir que je me fuis impofé, je dois encore rendre compte de mes vues fur l'établiffement, la forme du gouvernement, les études & les avantages de l'établiffement de ces Maifons.

I. *Établissement des Maisons.*

Ces Maifons, foit dans la Capitale, foit dans les Provinces, feront fous la protection & la dépendance des Univerfités.

1°. Les Univerfités donneront la permiffion de faire ces fortes d'établiffe-

(*e*) Les Lettres de Pédagogie portent injonction aux Maitres de Penfion, d'envoyer aux Colléges, tous ceux de leurs Penfionnaires qui font en état d'entrer en fixieme. L'éducation dans les Penfions de l'Univerfité, eft donc l'éducation des Colléges ; de-là toutes les fuites fâcheufes détaillées dans ce Mémoire.

mens. Les Particuliers qui folliciteront auprès des Univerfités des Lettres pour former ces établiffemens , feront Maîtres ès Arts ; ils feront foumis à tels examens, & à produire tels témoignages qui puiffent donner de la confiance, qu'ils rempliront les vœux de la nation, & s'acquitteront fidellement du miniftere qui leur fera confié. Pour travailler avec fuccès à l'éducation, il faut avoir eu foi-même une bonne & folide éducation, felon la maxime fi connue, *Nemo dat quod non habet.* Dans la fuite, (l'époque peut n'être pas fi diftante de nous,) les Eléves de la Maifon d'Inftitution, feront des Maîtres excellens pour former ces fortes d'établiffemens.

2°. Ces Maifons feront fous la protection & la dépendance des Univerfités. Plufieurs motifs , & des motifs très-graves, rendent cette police & cette dépendance néceffaires.

Toute éducation clandeftine eft fufpecte , & par-là même , doit être réprouvée. Le bien de la patrie demande que les Maîtres prépofés au gouvernement d'un établiffement public pour l'éducation , n'ayent pas la liberté d'abonder dans leurs fens, pour donner à cet établiffement tel forme, tel efprit qu'ils aviferont bon être. De-là, tant de fyftêmes finguliers & pervers d'éducation, qui trompent par un certain appas, féduifent par leur nouveauté; fyftêmes meurtriers, qui fouvent femblent ne pas fuppofer que l'homme ait une ame, ou qu'il y ait une autre vie. Eh! n'eft-ce pas à la frivolité de tous ces fyftêmes, qu'on eft malheureufement redevable de la frivolité de la jeuneffe qui en a été gâtée? Par une conféquence néceffaire de ces principes d'expériences, il faut dire qu'il eft dangereux & contraire au bien public, de laiffer s'établir, & dans la Capitale, & hors la Capitale, un grand nombre de Maifons dont perfonne ne peut garentir le gouvernement, l'efprit, l'adminiftration, &c.

Pour donner de la célébrité à ces Maifons, pour fe faire connoître, j'ai prefque dit, pour tromper plus fûrement un plus grand nombre de perfonnes, on fe fait annoncer dans les Écrits publics, Gazettes, Journaux, Mercures. Dans fon annonce on dit tout ce que l'on veut, & dans les maifons, on fait tout ce que l'on peut. Certain public en est d'abord la dupe, & par la communication de proches en proches, la contagion fait du progrès, & enléve toujours un trop grand nombre de Citoyens.

Dans les Annonces on dit tout ce que l'on veut. Ici, on promet de donner dans un an plus de sçavoir, qu'on n'en acquiert dans trois par les méthodes usitées; ailleurs, on a trouvé le secret de communiquer toutes les connoissances par infusion, sans études, sans travail, tout n'est qu'amusement, tout est jeu. Quelquefois vous lisez les Annonces sur le tableau qui sert d'enseigne à ces maisons : » *École Latine & Grecque, où* » *l'on enseigne les Langues Françoise,* » *Italienne, Espagnole, Angloise &* » *Allemande,* « on vous donnera du détail si vous voulez : » *On a fait des* » *essais sur des Eléves qu'on a formés,* » *par une longue étude de tout ce qui* » *peut abréger l'éducation morale & po-* » *litique; on a trouvé le moyen d'ouvrir* » *une route facile vers les vertus.* « Dans le même papier, destiné à instruire le Public, on fait le détail de l'emploi du temps, & des différens exercices de

24

la journée. Vous lifez : vous trouvez dans la même maifon des Penfionnaires & des Externes ; vous cherchez inutilement le chapitre de l’inftruction du cœur, & de la doctrine des mœurs, le temps qui y eft confacré chaque jour, il n’en eft pas dit un mot. Là, par conféquent, par un nouveau fyftême d’éducation, on a trouvé que le chemin facile vers les vertus, eft l’étude de toutes les Langues, & de prefque toutes les Sciences. Cette éducation, on l’appelle : *NOBLE & POLIE.*

De tous ces fyftêmes arbitraires, les moins pernicieux font ceux qui ne s’égarent que dans la méthode, & qui, pour leur exécution, fuppoferoient une autre efpèce de genre humain que les enfans que l’on effaie, ou que l’on facrifie à leur expérience ; & qui, promettant des miracles, n’ont pas même dans le fait, les fuccès les plus communs.

L’éducation, l’inftruction de la jenneffe eft un bien public, le bien de la patrie : dont l’adminiftration, en bonne politique, ne doit pas être confié au premier venu, qui dit avoir des talens tous particuliers.

particuliers. Suppofons les talens ; la forme de l'adminiftration, la patrie dc **t** la dicter, & en faire une Loi publique. Les Particuliers qui demandent à être admis dans cette adminiftration, doivent être tenus à garder la Loi, & ils ne doivent pas efpérer de la tranfgreffer impunément. La patrie doit leur demander comment : & par quelle méthode, ils entendent obferver la Loi. Je veux dire : que celui qui follicite des Lettres pour former un établiffement, doit préfenter avec lui fa règle, & les ufages de fa Maifon future. Cette règle & ces ufages, une fois approuvés, tout changement doit être interdit ; & fi quelque changement devient néceffaire, il faut de nouveau le faire vifer & approuver (*f*).

Une voie plus fimple encore, de couper par la racine toutes les fufpicions d'une mauvaife méthode d'éducation, feroit d'ajouter aux Statuts déja faits,

______

(*f*) Les Maifons qui n'ont pas une règle invariable, éprouvent néceffairement toutes fortes de viciffitudes. A chaque mutation de Maître fubalterne, fe font auffi dans ces maifons des mutations très-confidérables dans la difcipline, dans les études, &c.

B

une règle nouvelle pour toutes les Maisons d'Institutions publiques; que cette règle fût connue, & que le Public pût juger par lui-même, quelles font les Maisons où les Maîtres font exacts; zelés observateurs de la discipline; fidéles dispensateurs du ministere qui leur est confié.

Il faut, j'en conviens, des causes d'émulation; il faut qu'une pension par exemple puisse, par quelque moyen, mériter la préférence; mais le bien public est la premiere regle. *Bonum est sui diffusivum*. Il ne doit y avoir que des bonnes Pensions. Il faut impitoyablement *MURER* toutes les mauvaises; il faut que tous Particulier qui choisit une Maison pour y placer ses enfans, ses parens, &c. ne soit pas exposé à être trompé, parce qu'il a fait choix de la Pension qui étoit dans son quartier, ou de celle que des Amis, qui n'y entendoient pas plus que lui, lui ont indiqué. Les soins corporels feront la matiere de cette émulation à bien faire, & à mériter la préférence, la décence de la Maison, le choix des domestiques, &c. Dans l'heureuse supposition, où toutes les Maifons feroient de bonnes Maifons, il fera cependant toujours vrai de dire, qu'une Maifon à certains égards eft préférable à une autre. Heureux le fiécle, (je le dis de toute l'étendue de mes defirs,) heureux le fiécle qui auroit réuffi à faire de bonnes Ecoles, de toutes les Maifons qui en portent le nom. La publicité de la règle, peut-être auffi l'unité ou uniformité de la règle, paroît être un des moyens d'opérer ce grand bien dans toutes les Maifons établies pour l'inftruction de la jeuneffe.

I I. *FORME DU GOUVERNEMENT.*

La forme du gouvernement dans ces Maifons fera telle, que l'on y puiffe réellement former le cœur & l'efprit, faire des Chrétiens & des Citoyens, fans diftinction de tous ceux qui y feront élevés.

Pour ne pas donner trop d'étendue à ce Mémoire, je remets à traiter cet article dans le Mémoire fuivant. Je m'impofe, par cet annonce, l'obligation de continuer mon travail. Je m'y livrerai (je le dis hautement) avec zèle, avec courage, avec plaifir, fi je puis apprendre que, n'ayant d'autre motif en travaillant que l'amour de la patrie, je fers réellement à la patrie par mon travail.

Ce quatrieme Mémoire fera un plan de gouvernement, pour une Maifon deftinée à l'éducation commune. J'infifte principalement fur l'efprit de gouvernement, qui fait l'article capital dans l'éducation. Ce plan de gouvernement eft précédé de quelques maximes fpéculatives, & pratiques fur l'éducation. Ce tout forme la regle d'une Maifon, & l'inftruction journaliere des Maîtres qui y travaillent.

III. *Les Études.*

On fera dans ces Maifons, toutes les études qui ne dépendent pas de l'étude des Langues mortes, & qui n'obligent pas à fréquenter les Colléges. Il y aura plufieurs claffes, & des Maîtres en nombre fuffifant, afin que tous les enfans élevés dans ces Maifons, foient aidés, profitent, & que les Maîtres ne foient pas furchargés. Selon que l'on fera plus ou moins avancé, on apprendra : 1°. à bien lire, à bien écrire, l'orthographe, la ponctuation, la Grammaire françoise, l'Arithmétique (*g*).

(*g*) Dans cette premiere claſſe on liroit, avec plaiſir & même avec profit, un bon nombre des Fables de la Fontaine. Il eſt fâcheux qu'on ne puiſſe pas ſans danger mettre dans les mains des jeunes gens, le Recueil qui en a été fait. On y a conſervé des fables ; on y a inſéré d'autres pièces, dont la lecture ne peut que gâter l'eſprit & le cœur des jeunes gens, &, par un effet néceſſaire, corrompre les mœurs. Il en eſt de même de preſque tous les Recueils faits pour les jeunes gens. Les Collecteurs, avec toute la bonne intention qu'on peut leur ſuppoſer, n'ont pas toujours eu préſente à l'eſprit la maxime ſi ſage de cet Ancien :

Nihil dictu fœdum viſuque . . . . .
Maxima debetur puero reverentia. Juvenal.

Le Recueil des Œuvres choiſies de Rouſſeau eſt bien fait. On a donné cette année, à l'uſage des claſſes, un Recueil de fables ou contes d'Ovide ; on y lit toute entiere l'intrigue de Pyrame & Tysbée, & autres mauvais contes. Les jeunes gens qui expliquent Terence, apprennent preſque toujours à n'être plus ſages dans leurs penſées. Les Maîtres feront très-ſagement, & le devoir l'éxige, de ne confier à leurs Ecoliers, aucuns de ces

2°. L'Hiſtoire, la Chronologie, la Géographie, la Sphere, le Calendrier, le Blaſon, les Mathématiques.

3°. On y fera une ſorte de Réthorique, afin que ces Ecoliers apprennent à bien écrire en différens genre, à rendre compte d'un fait, d'une hiſtoire, d'une maniere intéreſſante, à bien écrire une lettre.

4°. On fera une ſorte de Philoſophie, c'eſt-à-dire, que l'on y donnera quelques connoiſſances de l'Hiſtoire Naturelle, de la Phiſique expérimentale, & de la Mécanique (h).

Recueils, vrais écueils pour la foible vertu des jeunes gens. Ils feront donc très-ſagement de diⅽter eux-mêmes à leurs Ecoliers, les Fables de la Fontaine qu'ils auront choiſies ; en attendant qu'une nouvelle édition, bien châtiée de ces Fables, ouvrage un que dans ſon genre, en rende le Recueil acceſſible à tous, ſans aucun danger. L'édition in-12 4 vol. avec figures, a un vice de plus.

(h) Un ancien Profeſſeur de Philoſophie dans l'Univerſité de Paris, homme dont la piété, les talens, l'amour du bien public, ont depuis long-temps fixé la réputation, a donnè en 1758, un Ouvrage en deux volumes, fait tout exprès pour ce plan d'étude. *Inſtruction*

Ce plan d'étude indique la division des claſſes. Il y aura dans chaque claſſe des lectures particulieres, & des temps marqués pour en rendre compte.

L'éducation y ſera plus ou moins longue, ſelon les progrès dans les connoiſſances pratiques de la Religion, & dans les autres connoiſſances utiles. Je donnerai, dans le plan du gouvernement, quelques détails ſur l'étude de la Religion. Je me répéte ſur cette étude; je le fais à deſſein.

Les Univerſités, ſous la protection & la dépendance deſquelles ces Maiſons ſeront établies, en garentiront le gouvernement & l'adminiſtration ; leurs règles & leurs uſages ſeront connus. Pour donner encore plus de publicité à l'éducation particuliere de ces Maiſons, il ſera ordonné, par les ſtatuts que l'on y fera tous les ans, dans les temps convenables, des exercices publics, qui

pour la Jeuneſſe, ſur la Religion & pluſieurs Siences Naturelles. Cet Ouvrage doit être un des Livres de claſſes. Les deux volumes ne coutent que 48 ſols en feuilles. On les trouve à Paris, chez Butard, rue S. Jacques, & Deſſaint & Saillant, rue S. Jean de Beauvais.

feront annoncés par des Programes. Les queftions qui ont rapport à la Religion, feront auffi traitées dans ces exercices. On choifira plufieurs écoliers pour ces exercices, afin qu'il ne paroiffe pas qu'un feul a été cultivé, ou qu'un feul a profité.

Enfin, pour nourir l'émulation, on compofera tous les quinze jours, on donnera les places. Ces compofitions feront du devoir françois, quelquefois on fera ce qu'on apppelle, les parties du devoir, felon les principes de la Grammaire françoife, &c. Chaque Maître fe conduira de la maniere qui lui aura paru, par l'expérience, la plus facile, & la plus utile.

Les connoiffances, dont j'ai déterminé l'objet, peuvent être acquifes dans un nombre d'années fort court, & cependant l'éducation peut n'être pas finie.

Cette propofition, toute vraie qu'elle eft, peut paroître à plufieurs fufpecte de nouveauté; je dois donc la prouver.

L'éducation, c'eft-à-dire, former l'homme total, pour le cœur & pour l'efprit, l'homme intérieur & l'homme extérieur; cet ouvrage, depuis le péché du premier homme, ne peut être qu'un ouvrage long La fin des études ne peut pas être toujours, ni pour tous, la fin de l'éducation. Que deviennent la plûpart des jeunes gens, qui ont fini leurs études avant l'ufage de la maturité des fentimens ?

L'éducation, exactement parlant, ne doit être décidée finie, que dans le tems défini par ces paroles de l'Apôtre * ... *in caritate radicati & fundati.* Toute éducation qui ne fera pas établie fur ce fondement, aura le fort de la maifon établie fur le fable. * * Les vues particulieres d'intérêt, d'établiffement, d'avancement pour les enfans, doivent céder aux principes, tant, & tant de fois, ou pour mieux dire, démontrés tous les jours par l'expérience. Sert-on vraiment la patrie, lorfque l'on confie des miniftères importans à des *Enfans*, & non pas à des hommes. ?

Ce qu'on appelle études, ne fait qu'une partie de l'éducation, ou plutôt, ne fait que l'occafion de l'éducation.

* *Ephef.* 3. 17.

* *Matth.* 7. 27.

B v

L'éducation totale, prefcrit d'autres études & d'autres devoirs. S'il eft des Maifons où l'on ne s'applique qu'aux études, l'éducation dans ces Maifons eft défectueufe. Je voudrois que ce qui n'eft que fuppofition dans mon efprit, ne fût pas un fait trop prouvé. Il y a des Maifons où, les Maîtres fe perfuadent qu'ils n'ont qu'à corriger des follécifmes : on parle Grec, on parle Latin, on fait des vers, &c. rarement parle-t-on François. On croit avoir tout fait, & avoir tout bien fait, fi on a fait de bons Ecoliers ; & le cœur, *l'homme lui-même* eft criminellement oublié.

Dans les Maifons, où l'étude des langues, fait partie de l'éducation ; même dans celles où l'étude des langues ne fera pas partie de l'éducation, on a à traiter toutes les autres parties de l'éducation.

Dans un autre fens très-réel, l'étude fait toujours partie de l'éducation. Il y a beaucoup de chofes à apprendre, fans fréquenter les Colléges, & qu'on n'apprend pas dans les Colléges, on dit que les études font trop longues. La plainte peut être fondée. La méthode actuelle d'apprendre les langues prend trop de temps; mais, en elle-même, l'éducation n'eft pas trop longue.

La vie eft courte, dit - on encore. A quel âge commencer, fi on veut parvenir ?

Depuis bien des fiécles, la mefure des années de l'homme eft fixée; M. Fleury en fait la remarque. * Nos Peres avoient d'autres coutumes, & la patrie s'en trouvoit mieux. Leur maxime étoit qu'on ne commence jamais trop tard, quand on commence bien. *Sat citò, qui fat benè.*

Mais quoi! dirons d'autres perfonnes, eft-ce une affaire de fi longue haleine que d'apprendre fa Religion? Eft - ce que tous ceux qui ne font pas dévots n'ont point d'éducation?

Donnons un fens à ces plaintes.

1°. Si on entend, par étude de la Religion, l'étude ifolée d'un Catéchifme qu'on aura mis dans fa tête, cette étude peut être très-briéve. La mémoire en décide le temps. Mais doit-on fuppofer inftruits, fçavans dans la Religion, les enfans, dont toute la fcience en ce

* *Mœurs des Chrétiens*, n°. *I X. vers la fin.*

B vj

genre, confifte à repéter les demandes
& les réponfes d'un Catéchifine ? Dans
les premiers fiécles de l'Egiife, l'inftruction des Catécumenes étoit très-longue;
cependant tous les Catécumenes étoient
des hommes faits, d'un cœur exellent,
d'une bonne volonté perfévérante. La
multitude croit tout fçavoir. Je crois,
dit-on dans le monde, ce que croit
l'Eglife; & à tout inftant on eft dans
le doute, & fouvent dans l'ignorance,
fur les queftions du dogme & de la
morale. Plus on connoît la Religion,
plus on eft couvaincu que ne l'avoir
étudiée que fuperficiellement, c'eft ne
la point fçavoir du tout.

La Religion feule, forme le cœur de
l'homme pour celui qui l'a créé. On
n'eft fçavant dans la Religion, que lorf-
qu'on en aime tous les dogmes & tous
les préceptes. Connoître les vérités de
la Religion, & ne pas en obferver les
Loix, c'eft être coupable contre la Religion, & ignorant dans la Religion.
Y auroit-il tant de mauvaife foi fur la
Terre, tant de vices dans les mœurs
des hommes, tant de décifions relâchées
de morales pratiques, tant de fécurité

à se faire une conscience à sa mode, si la Religion étoit plus connue ? Donc, l'étude de la Religion est une affaire de longue haleine.

2°. On confond dans le monde le dévot & le Chrétien; & l'un & l'autre y est mal défini. Le Chrétien n'est pas le dévot dans le langage des gens du monde. Le Chrétien est l'homme formé par l'Evangile. Oui, le Chrétien est le seul dont l'éducation n'est pas défectueuse. Quiconque, dans le cours de son éducation, n'a pas appris à être Chrétien, a mal employé son temps, a perdu son temps. Le Chrétien est le seul dans lequel se trouvent les vertus qui font l'homme pour Dieu, le Sujet pour le Souverain, l'ami pour le prochain, l'homme pour l'homme lui-même. Ce que la doctrine de tous les Législateurs, avant Jesus-Christ, n'a pas fait, la grace seule de l'Evangile l'a fait. Donc le Chrétien, qui seul appartient à l'Evangile, posséde seul les vertus que le monde honore; seul, il posséde les vertus que le monde a le malheur de méconnoître.

Ne craignez pas, Citoyens de tous

les états, les suites d'une éducation Chrétienne. Vos enfans auront du sçavoir, des mœurs.....

Eh vous! qui par la crainte que vos enfans ne fuſſent élevés comme des brutes, avez fait choix de Maîtres qui ne leur ont appris que la vanité, la frivolité ; dites-le à la nation. Vous félicitez-vous, d'avoir reçu vos enfans de la main de leurs Maîtres ſans piété, ſans crainte de Dieu ? C'eſt pour vous que je plaide la cauſe de l'Etat, en citant au Tribunal de la Nation, & la mauvaiſe éducation, & les mauvais Maîtres.

IV. *AVANTAGES DE L'ÉTABLISSEMENT DE CES MAISONS.*

L'homme, depuis l'entrée du péché dans le monde, eſt porté au mal dès les premiers jours de ſa vie. * Son cœur, livré à deux ennemis irréconciliables, l'ignorance & la concupiſcence, eſt, comme la Terre aux jours du premier homme pécheur, frappé de ſtérilité & de malédiction. La terre qui n'eſt pas cultivée par les bras de l'homme, qui

* *Gen. 6. 5. & 8. 21.*

n'eſt pas arroſée de ſes ſueurs, n'a plus de fécondité que pour ſe couvrir de ronces & d'épines. Abandonnez le cœur de l'homme à ſon penchant vers le mal, à ſon ignorance du bien, vous ferez de tous les hommes ſans éducation, des hommes brutes dans leurs idées, extravagans dans leur croyance, barbares dans leurs manieres. L'homme ne peut être que cela, s'il eſt abandonné à lui-même (*i*). Pour l'homme, comme pour la Terre, il faut l'action du Tout-puiſſant; & l'action de l'homme, que le premier Être a bien voulu aſſocier à ſa toute-puiſſance, en ſe ſervant de lui comme d'un inſtrument pour l'exécution de ſes volontés. Il faut que le cœur de l'homme ſoit cultivé, que des mains

(*i*) Si on trouve des hommes qui, privés de tous ſecours, & ſans éducation, ne ſont pas tels que je peins l'homme ſans éducation; je réponds, que toute exception confirme la règle; que ces exemples, très-rares dans le cours d'un ſiécle, prouvent que Dieu eſt le maître de ſes dons; qu'il fait tout ſeul, quand il veut, ce qu'il ne fait ordinairement, ſelon les Loix établies par lui-même, que par le miniſtere des hommes; & que ces exemples ne prouvent rien de plus.

habiles y jettent les semences du bien & du vrai ; & que les sueurs des Maîtres zélés arrosent ce qui a été planté. L'homme, en un mot, a besoin d'éducation, parce qu'il est enfant d'Adam.

Quelles seront donc les suites de l'éducation des Maisons, où seront élevés les enfans qui n'auront pas pu profiter de l'éducation des Colléges ?

Tous les heureux effets d'une bonne éducation, seront les suites de l'établissement de ces Maisons.

Il n'y aura plus d'excuses pour le prétendu Citoyen, qui refusera cruellement à son fils, les secours de l'éducation.

En sortant de ces Maisons, on sera sçavant dans la Religion, bien affermi dans sa Foi, assez fort pour résister aux injures du libertin incrédule.

On sçaura, selon les talens particuliers, tout ce qu'il est nécessaire à l'homme de sçavoir, qui ne dépend pas de l'étude des langues mortes. On sera convaincu par principe, de la nécessité d'être Chrétien dans le monde, & de ne pas rougir de sa croyance. On aura appris à être zélé pour la gloire du Souverain dont on est Sujet, peut-être même, guerrier plein de courage, fans témérité, fans férocité, ennemi des ennemis de l'Etat, jamais ennemi d'un Concitoyen qui a manqué aux égards ou à la bien-féance. On aura appris à être dans tous les états, bon pere, bon ami, bon voifin, homme de probité dans la vie civile, de bonne foi dans le commerce, induftrieux pour perfectionner les arts utiles. Les peres auront eu de l'éducation; par une heureufe conféquence, les enfans feront bien élevés; le patrimoine des ayeux fera tranfmis aux petits neveux; les peres, les enfans, tous fçauront qu'ils doivent ufer des biens temporels, comme des économes fidéles du grand Maître. Dans ces Maifons, les leçons, les converfations, tout y fera utile; on y prendra le goût de la lecture, on connoîtra les bons livres, reffources bien néceffaires dans un fiécle frivole dans fes volontés & corrompu dans fes coutumes. Enfin, on y aura appris ce qu'eft l'homme pour le temps, ce qu'il doit être pour l'Eternité; que le malheur fouverain de l'homme, c'eft d'oublier qu'il a une ame; que cette ame, depuis le péché du premier homme, a des befoins & des maladies; qu'on ne peut rien donner en échange pour la racheter, fi on a le malheur de la perdre; * que la conquête du monde entier, ne peut pas même en réparer la perte, &c.

Je finirois ici ce Mémoire, fi je ne me croyois obligé de prévenir une imputation, & de me juftifier avant d'être accufé.

On s'éloigneroit de ma penfée, fi on concluoit de ce que j'ai dit, que l'éducation poffible dans les Univerfités eft défectueufe en elle-même. J'ai voulu prouver que tous les enfans de tous les Citoyens, doivent trouver des reffources pour leur éducation. Une feule méthode d'éducation ne peut pas être utile à tous; il faut donc, par différens moyens, procurer l'éducation à tous.

L'étude des Langues, je le fçais, ne donne par elle-même aucune lumiere; mais cette étude eft un moyen fûr pour en acquérir. Demander férieufement à quoi peut fervir le Latin, le Grec ou l'Hébreu, dans un temps où on ne parle plus ces Langues, c'eft faire l'aveu

* *Matth.* 16. 26.

de fon ignorance. L'expérience l'a appris, & l'apprend tous les jours, qu'il
y a une fupériorité décidée de la part
de celui qui a appris les Langues anciennes. Les études ou les claffes, doivent
être regardées comme faifant partie de
l'éducation, pour tous ceux qui peuvent
courir cette carriere avec quelque profit.

Enfin, fi tous les enfans de tous les
Citoyens ne font pas ce qu'on appelle
leurs études, je défire que tous puiffent
avoir une bonne éducation; c'eft en
derniere analyfe, tout ce Mémoire; &
la profeffion publique de mes fentimens.

POST-SCRIPTUM.

L'amour du bien public nous a pro-
curé, depuis quelque temps, plufieurs
Ouvrages fur l'éducation. Il n'eft pas
dans le plan que je dois fuivre, de m'ar-
rêter à ces Ouvrages, ou même d'en
parler. Il en eft un cependant, (*Lettres
où l'on examine quel plan d'étude on
pourroit fuivre dans les Ecoles publiques.*) qui m'a paru mériter la préférence, à raifon des vues excellentes
qui en font tout le plan; & du modéle,

fi connu & fi eftimé, fur lequel ce plan a été fait, je parle du Traité des Etudes de M. Rollin.

Quelques perfonnes auroient fouhaité que l'Auteur de cette Lettre n'eût pas confondu les Maîtres de Penfion, reçus dans l'Univerfité de Paris, avec tous ceux qui n'ont que la qualité de Maîtres d'Ecoles, & qui peut-être ne font que cela. La maxime, *fi judicas cognofce*, a lieu ici. La méthode de l'enfeignement n'eft certainement pas la même, dans les Penfions de l'Univerfité & dans les Ecoles. Il y a à Paris des Penfions connues, où l'éducation fe commence fur d'autres principes, & où l'on fuit une autre méthode, que celle, qui a pour but unique, de faire de tous les Penfionnaires des écoliers, *forts en verfion, & fur-tout en théme.* * Dans ces Penfions connues, on s'applique particulierement à former le cœur dès l'âge le plus tendre. On y apprend la Grammaire françoife, l'Hiftoire de France, l'Hiftoire Remaine, &c. Dans ces Maifons, il faut l'avouer, on fe rapproche enfuite des Colléges, parce

* *Lettre, page 8.*

qu'il eft de néceffité que les Penfionnaires y foient conduits dès la fixieme.
Si cette partie eft critiquée, le vice ne
vient pas des Penfions. L'Univerfité y
a pourvu aujourd'hui, ou va y pour-
voir. On fe félicitera dans fes Penfions,
de ce qu'il fera enfin poffible, de fuivre
une méthode dont on ne s'éloignoit qu'à
regret.

Il feroit déplacé de faire un parallèle
des Maifons deftinée à l'éducation publique. Si l'éducation, dans les bonnes
Penfions, n'eft plus ce qu'elle a été,
il faut l'attribuer à la mifére des temps....
Donnez aux Maîtres de Penfion des
Coopérateurs..... on dit que pour fçavoir les chofes, il faut s'adreffer aux
gens du métier. Demandez aux Maîtres
de Penfion, qui veulent s'acquitter de
leur miniftere d'une maniere irréprochable, devant Dieu & devant les
hommes, demandez-leur s'ils trouvent
des Maîtres?....

On a fait d'autres remarques fur cette
Lettre. Chacun a fa façon de penfer,
& tous croyent bien penfer. L'Auteur
mérite des éloges, & par fon travail,
& par fes motifs, même en fuppofant

que fon plan ne pût pas être éxécuté dans une claffe un peu nombreufe, où le grand nombre n'eft pas toujours at-tentif. Il faut, s'il eft poffible, former un plan d'après lequel les Maîtres foient dans l'heureufe néceffité de ne pas trouver l'occafion de punir à raifon de l'étude, ou de la méthode de l'étude. Pour y parvenir, il faut fuppofer les enfans tels qu'ils font, & non pas tels qu'il feroit à défirer qu'ils fuffent, ou tels que font quelques enfans ifolés.

Ce qu'on appelle thêmes, lorfque le temps eft venu d'en faire, fi ce font des thêmes d'imitation, au moins affez fréquemment, opéreront l'effet des thê-mes de vive voix, plus fûrement & plus généralement. En fuivant cette méthode, il fera très-permis en tout temps de con-fulter les Auteurs; & on laiffera à cha-que Compofant la confolation toute en-tiere, de s'être rendu propre fon Au-teur.

La matiere des autres thêmes, & de toutes les verfions, devroient être, comme le remarque l'Auteur de la Lettre, (*pag.* 10.) après M. Rollin, une matiere utile ; on me permettra d'ajouter une matiere fuivie. Ces thêmes & ces verfions, travaillées tout exprès, feroient une inftruction intéreffante, prefque fûre pour le profit, parce que les Compofans y feroient long-temps appliqués, & s'y appliqueroient avec plaifir ; ce qui n'eft jamais lorfque la matiere des devoirs, quoique bonne, eft une matiere vague, ou fans liaifon d'un jour à un autre. Dans le cours d'une année, on apprendroit par cette méthode la Gèographie, l'hiftoire, &c. & une multitude de chofes dont les noms font long-temps ignorés, & en François, & en Latin. Les Commençans pourroient même apprendre la Religion. Un cours ou une fuite de devoirs, travaillés tout exprès, procureroient tous ces avantages.

Si je puis apprendre que ce projet ne foit pas défapprouvé, j'en donnerai, dans la fuite, un effai pour les Commençans. Je n'ai point oublié, en contractant cet engagement, que j'ai promis un quatrieme Mémoire. J'ofe efpérer de pouvoir tenir ma parole ; tout ce travail eft déja fort avancé.

14 Novembre 1762.

Page 7 ligne 2 , de lirire , *lisez* de livre.

Pag. 15 lig. pénultieme , *note* , prouva , *lisez* prouvé.

Pag. 22 lig. 18 , *après ces mots* la discipline , *mettez un* point-virgule.

Ibid. lig. 19 , *après ces mots* la conduite , *ôtez le* point-virgule. La ponctuation fait un sens obscur à cet endroit.